Direction éditoriale : Christophe Savouré
Direction artistique : Danielle Capellazzi
Édition : Françoise Ancey
Conception graphique : Claude Poirier
Photographies : Olivier d'Huissier
Illustrations : Véronique Marchand

Dépôt légal : avril 2001
Photogravure : IGS-Charente Photogravure
Imprimé en Belgique par Proost
ISBN : 2-215-02364-3
ISSN : 1285-5677
6ème édition – n° 93256

Loi n° 49-956 du 16 juillet 1949 sur les publications destinées à la jeunesse.

les activités fleurus

PERLES DE ROCAILLE FANTAISIE

Christine Hooghe

À Chloé

EDITIONS FLEURUS

Éditions Fleurus, 15-27, rue Moussorgski - 75018 Paris

Matériel et conseils

Les perles

Les perles de rocaille

De toutes les couleurs – opaques, transparentes, nacrées, métallisées, diamantées ou irisées – les perles de rocaille nous enchantent ! Fabriquées industriellement, elles sont faciles à se procurer. Les plus courantes mesurent environ 1 mm de diamètre. On peut les associer à de la « grosse rocaille » : perles de verre d'environ 5 mm de diamètre fabriquées dans les mêmes coloris que les perles de rocaille classiques.

Autres perles

Les perles de rocaille se combinent aisément avec toutes sortes d'autres perles. On peut même les mélanger avec des perles que l'on fabrique soi-même ou des boutons. Il faut veiller toutefois à ce que les perles de rocaille ne soient pas plus petites que les trous des autres perles.

Les fils

Le fil de Nylon convient parfaitement pour la majorité des bijoux en perles de rocaille. Il peut être utilisé en double avec d'autres perles un peu plus lourdes.

Les fils de lin et de polyamide s'utilisent pour des colliers souples ou les projets à fils croisés.

L'élastique très fin est parfait pour fabriquer des petits bracelets ou des ras de cou sans fermoirs.

Le fil de laiton souple doré ou argenté sera utilisé pour les petits modèles. La rigidité de ce fil permet de maintenir le sujet en forme.

Le fil de fer à lier vendu en jardinerie permet de faire des bijoux rigides, bracelets, bagues, etc. Le mieux est d'emporter quelques perles chez le marchand pour vérifier le diamètre du fil de fer avant de l'acheter.

Les aiguilles

Il existe en merceries ou en magasins spécialisés des aiguilles à perles longues et très fines, permettant d'enfiler les perles plus rapidement et plus facilement. Pour rentrer le fil de Nylon plus aisément dans le chas de l'aiguille, écraser l'extrémité du fil entre les incisives.

Les fermoirs

Les fermoirs à ressort ❶ et les petits mousquetons ❷ sont particulièrement adaptés aux perles de rocaille. Les fermoirs à vis ❸ sont à réserver aux colliers car on a besoin des deux mains pour les fermer. Pour les bijoux à plusieurs rangs, on utilise un fermoir multirang à deux ou trois trous ❹, ou des tulipes et un fermoir classique ❺.

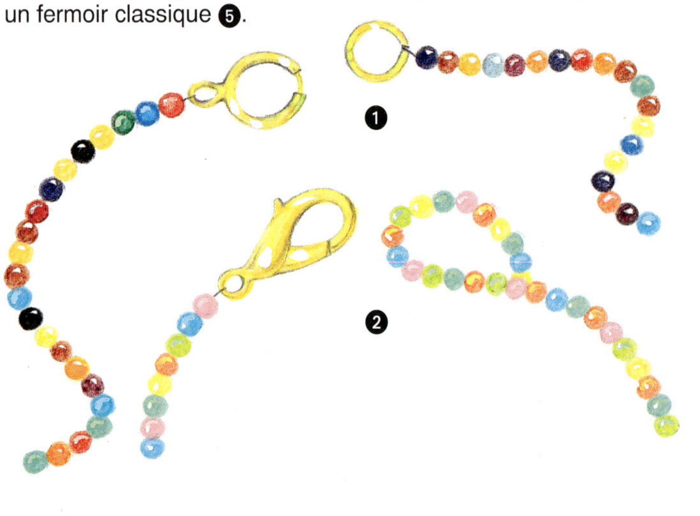

Finitions simples

Faire 3 à 4 nœuds simples les uns sur les autres, couper le fil à ras et déposer une goutte de colle gel ou de vernis à ongles transparent.

Ciseaux et pinces

Les pinces à bijoux, vendues en magasins de loisirs créatifs, permettent à la fois de couper les fils métalliques, de former des anneaux et de poser les perles à écraser.

Les pinces coupantes et les petites pinces plates des électriciens sont aussi parfaitement adaptées.

Attention !
Manipuler toujours les pinces avec précaution.

Les boucles d'oreilles

Elles complètent joliment une parure. Pour cela, prévoir des attaches pour oreilles percées ou non. Pour prévenir les risques d'allergies, on trouve maintenant des attaches en plastique.

Longueur des bijoux terminés

Penser à calculer la longueur des perles à enfiler en fonction du fermoir et des finitions.
Bracelet : 17 à 20 cm
Ras de cou : 40 cm environ
Collier : 50 à 60 cm
Sautoir : 80 cm à 3 m !

Poser une perle de retenue

Bloquer le fil avec une perle permet de tâtonner pour le placement des perles et de définir la longueur avant de poser le fermoir. Placer une perle à quelques centimètres de l'extrémité du fil, et repasser le fil dans le trou de la perle pour la maintenir en place.

Astuce
On peut aussi utiliser un bouton-pression en guise de fermoir.

Poser une perle à écraser

Cela donne une meilleure finition avec le fil de Nylon. Après la dernière perle, enfiler une perle à écraser, passer le fil dans l'anneau du fermoir, puis le repasser dans la perle à écraser et quelques perles suivantes. Tirer pour éviter le jeu entre les perles. Écraser fermement la perle métallique à l'aide de la pince à bijoux. Faire appel éventuellement à quelqu'un de plus fort que soi !

Un peu d'organisation !

S'installer sur une table en plaçant les perles dans des soucoupes posées sur un plateau. Cela permet de rattraper les perles si on les renverse. Un bon éclairage est également important.

Bijoux élastiques

Matériel

- **Perles de rocaille : petites, grosses et très grosses,**
- **fil élastique fin,**
- **fil de laiton fin,**
- **boutons fantaisie à pied (facultatif),**
- **colle gel,**
- **mètre de couturière.**

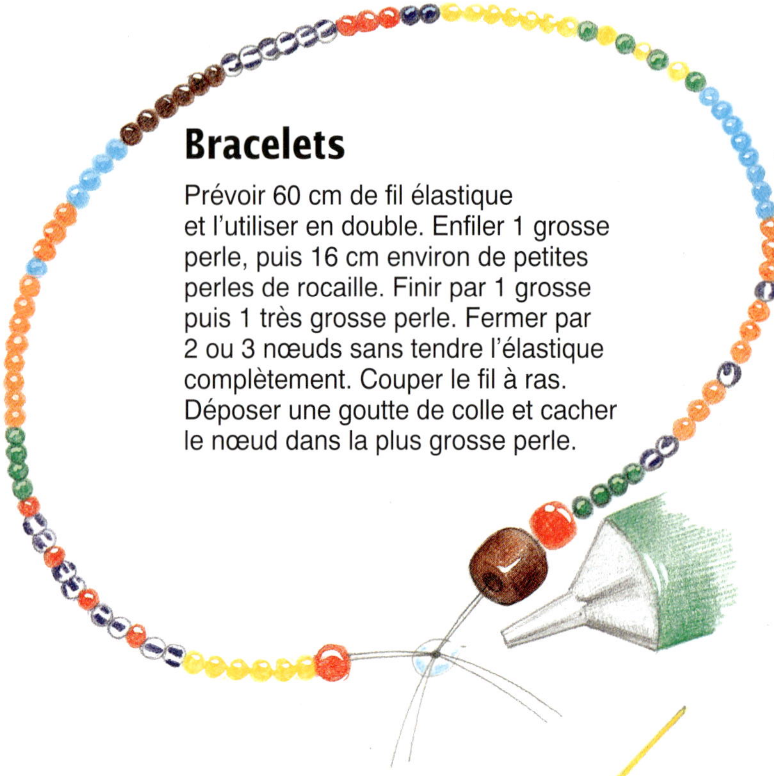

Bracelets

Prévoir 60 cm de fil élastique et l'utiliser en double. Enfiler 1 grosse perle, puis 16 cm environ de petites perles de rocaille. Finir par 1 grosse puis 1 très grosse perle. Fermer par 2 ou 3 nœuds sans tendre l'élastique complètement. Couper le fil à ras. Déposer une goutte de colle et cacher le nœud dans la plus grosse perle.

Fabriquer un passe-fil

Mesurer et couper 10 cm de fil de laiton. Plier le fil de laiton en deux. Glisser l'extrémité du fil élastique dans ce passe-fil pour pouvoir enfiler les perles plus facilement.

Colliers

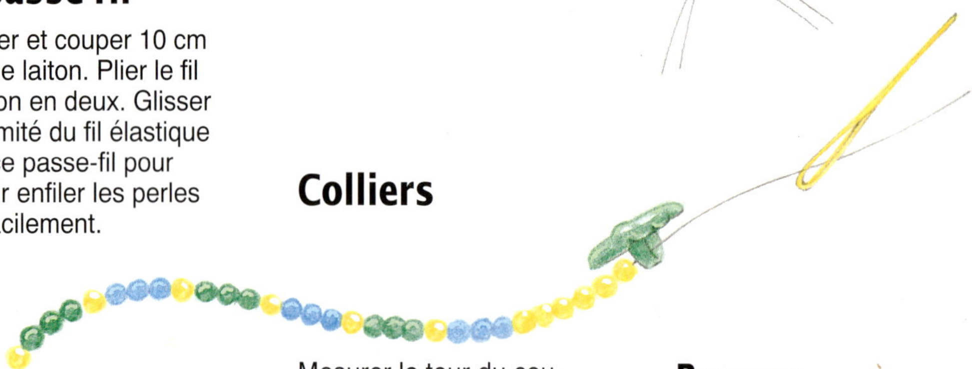

Mesurer le tour du cou avec le mètre de couturière. Couper environ 50 cm de fil élastique. Laisser le fil en simple et enfiler les perles en plaçant un bouton au milieu. Fermer le collier par 2 ou 3 nœuds sans trop tendre le fil. Couper à ras et déposer une goutte de colle.

Bagues

Prévoir 30 cm de fil, le plier en double. Enfiler quelques perles. Vérifier la longueur. Enfiler le bouton et fermer comme les colliers.

Tournicoti, tournicoton

Matériel
- Fil de fer à lier (voir page 6),
- pince à bijoux,
- clous de jonction,
- perles de rocaille,
- quelques perles plus grosses,
- attaches de boucles d'oreilles.

Bracelet ressort

1 Enrouler 75 cm de fil de fer autour d'un verre pour former une spirale. Former un anneau avec la pince à l'une des extrémités. Enfiler des perles en laissant environ 1 cm de libre. Former un second anneau.

2 Pour les breloques, enfiler 1 perle de rocaille et 1 grosse perle sur un clou de jonction. Recouper le clou à 1 cm environ. Former un anneau à la pince à bijoux et l'attacher au bracelet avant de le fermer complètement.

Bracelet fermé

Enrouler environ 55 cm de fil de fer autour du manche d'une cuillère en bois. Puis procéder comme pour le bracelet ressort. Maintenir le bracelet fermé par une breloque.

Bague

Prévoir environ 18 cm de fil de fer. Mettre en forme sur le manche d'une cuillère en bois et procéder comme pour le bracelet ressort.

Boucles d'oreilles

Mettre en forme 15 cm de fil de fer autour d'un stylo, puis procéder comme pour le bracelet ressort. Passer l'attache dans l'un des anneaux et fixer une breloque dans l'autre.

Drapeaux et fanions

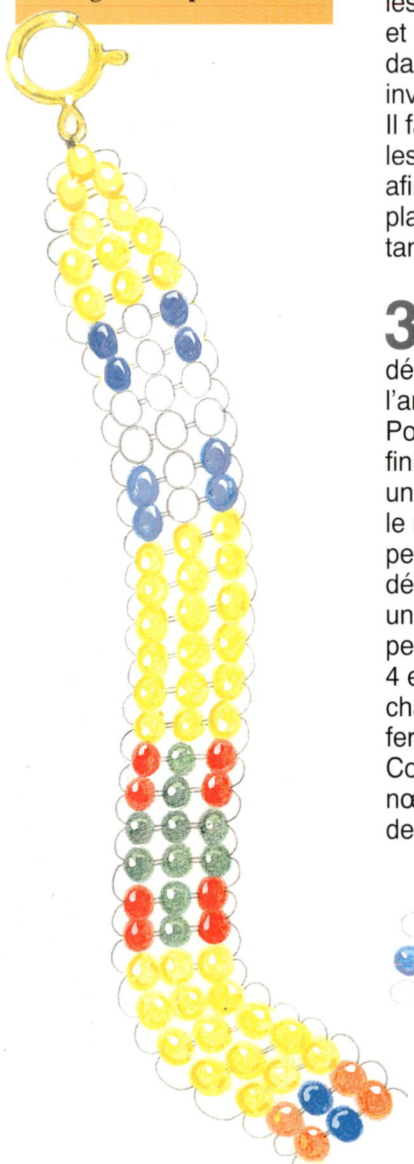

Matériel

- **2 m de fil de Nylon par bracelet,**
- **perles de rocaille,**
- **fermoirs à ressort ou mousqueton,**
- **colle gel ou vernis à ongles transparent.**

1 Attacher le fermoir au milieu du fil par 2 ou 3 nœuds.

2 Choisir le motif et enfiler les perles selon le schéma. Pour chaque rang, enfiler les perles sur un des fils et repasser l'autre fil dans les perles en sens inverse.
Il faut bien tendre les fils à chaque rang afin que les perles se placent tantôt dessus, tantôt dessous.

3 Lorsque le bracelet a la longueur désirée, attacher l'anneau du fermoir. Pour les drapeaux, finir par des rangs unis en diminuant le nombre de perles, comme au début. Pour faire une boucle de perles, enfiler entre 4 et 9 perles sur chaque fil, puis fermer par 3 nœuds. Consolider les nœuds avec une goutte de colle ou de vernis.

Fleurs des champs

Matériel

- Perles de rocailles : petites et grosses pour les cœurs,
- fil de lin ou de polyamide,
- fermoirs à ressort ou à vis,
- attaches de boucles d'oreilles,
- 12 cm de ruban,
- attache de barrette,
- aiguille à perles,
- colle gel ou vernis à ongles transparent.

Collier multicolore

1 Préparer une aiguillée d'environ 2 m de fil et nouer un fermoir à 10 cm de l'extrémité du fil. Enfiler 12 perles vertes et repasser le fil dans la quatrième perle pour former la première feuille. Glisser les perles le plus près possible du fermoir. Pour la seconde feuille, enfiler 9 perles et repasser le fil dans la première. Enfiler 3 perles vertes pour finir la tige.

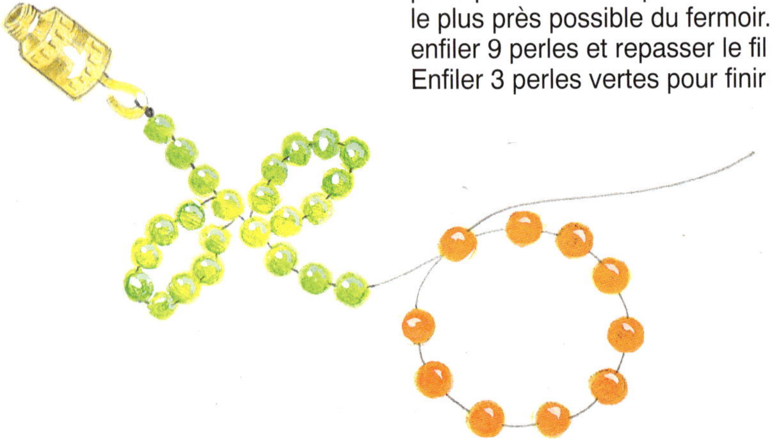

2 Enfiler 10 perles pour les pétales (ou 8 si leur diamètre est plus gros). Repasser le fil dans la première perle. Glisser les perles le plus près possible des feuilles.

3 Enfiler 1 grosse rocaille jaune pour le cœur et repasser le fil dans le même sens dans la sixième perle (ou la cinquième si on a 8 perles pour les pétales).

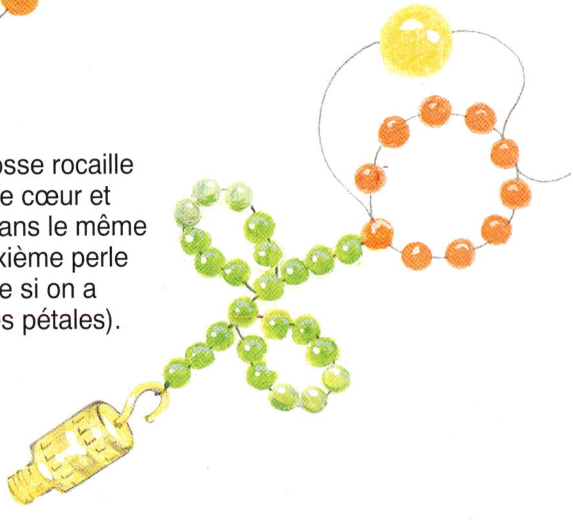

4 Continuer le collier jusqu'à la longueur désirée, en alternant des feuilles et des fleurs de toutes les couleurs. Finir par des feuilles. Attacher la deuxième partie du fermoir. Rentrer les extrémités du fil dans quelques perles avant de le couper. Renforcer les nœuds par une goutte de colle ou de vernis.

Fleurs des champs

Boucles d'oreilles

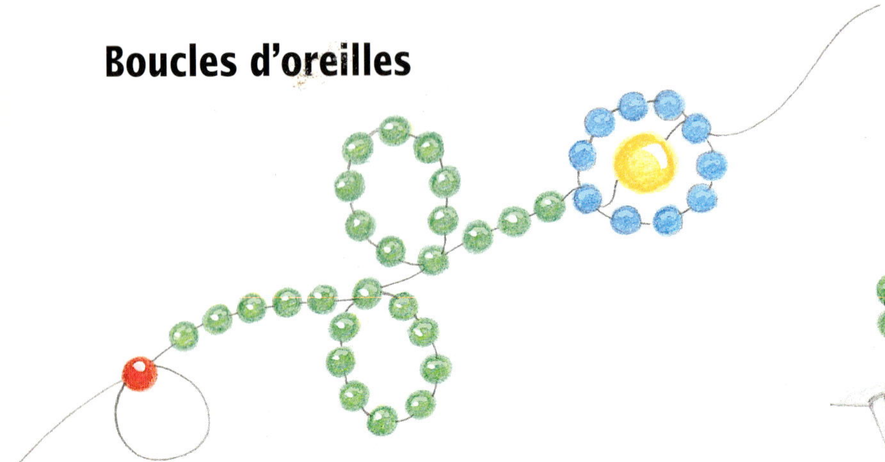

1 Prévoir 50 cm de fil. Poser 1 perle de retenue (voir page 7). Enfiler 14 perles vertes et repasser le fil dans la sixième perle pour former la première feuille. Finir les feuilles et faire la fleur comme pour le collier multicolore.

2 Relier la fleur à l'attache de boucle d'oreille par plusieurs nœuds. Rentrer l'extrémité du fil dans quelques perles et consolider les nœuds.

Retirer la perle de retenue, encoller le fil sur 1 cm et le repasser dans quelques perles en sautant la première.

Pour le bracelet bleu, prévoir 1 m de fil environ. Alterner des perles opaques pour les feuilles et transparentes pour les fleurs.

Pour le bracelet rose, les feuilles ont été remplacées par 3 perles vertes.

Barrette

Préparer le motif de perles en commençant et en finissant par une fleur. De chaque côté, rentrer l'extrémité du fil dans quelques perles. Replier le ruban à chaque bout et le coller sur la barrette. Coller le motif en perles en le centrant sur le ruban.

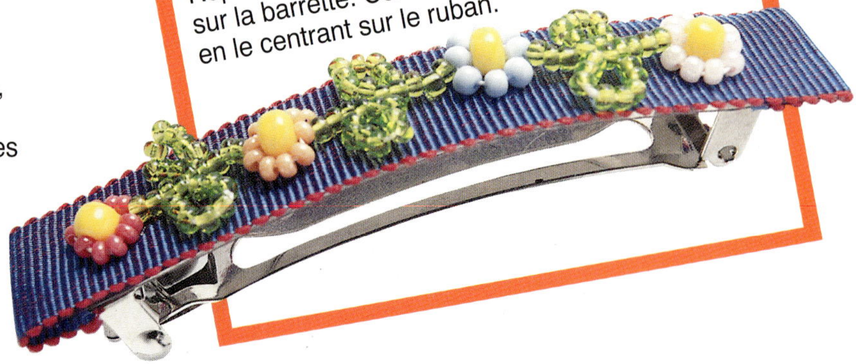

Colliers à pendentif

Matériel

- 1 m de fil de Nylon par collier,
- perles de rocaille,
- 1 perle goutte par collier,
- quelques perles assorties,
- perles à écraser,
- pince à bijoux.

2 Dédoubler le fil et enfiler 17 à 20 cm de perles sur chaque brin selon la longueur désirée. On peut mélanger les perles de rocaille avec d'autres perles ou n'enfiler que des perles de rocaille en jouant avec les couleurs.

1 Enfiler la goutte au milieu du fil de Nylon. Enfiler les perles du pendentif en alternant les perles de rocaille avec d'autres perles sur les deux brins en même temps. Si le trou de la goutte est vertical, enfiler 1 perle de rocaille au milieu puis la goutte sur les deux brins en même temps.

3 Pour les finitions, enfiler sur un des brins 1 perle à écraser, 2 perles de rocaille, 1 perle ronde de 5 à 8 mm de diamètre et 1 perle de rocaille. Repasser le fil en sens inverse en sautant la première perle, jusqu'à la troisième perle après la perle à écraser. Écraser la perle de métal.

4 Pour la boucle, enfiler une perle à écraser, puis suffisamment de perles de rocaille pour pouvoir former une boucle laissant passer la perle-fermoir. Repasser le fil dans la perle à écraser et dans les trois suivantes. Écraser la perle de métal et couper le fil qui dépasse.

Clowns et compagnie

Matériel

- **Perles de rocaille,**
- **fil de Nylon : 1,50 m par personnage, 2 m pour les colliers,**
- **fermoirs et perles à écraser ou anneau de porte-clés selon les finitions,**
- **colle gel ou vernis à ongles transparent.**

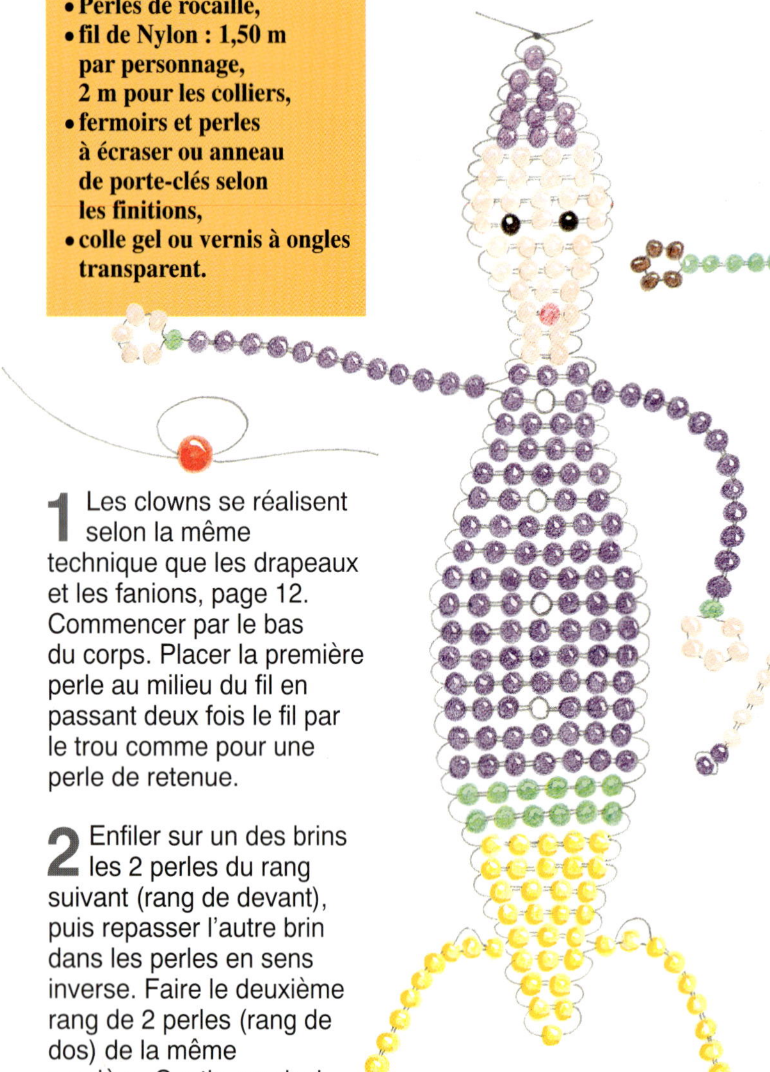

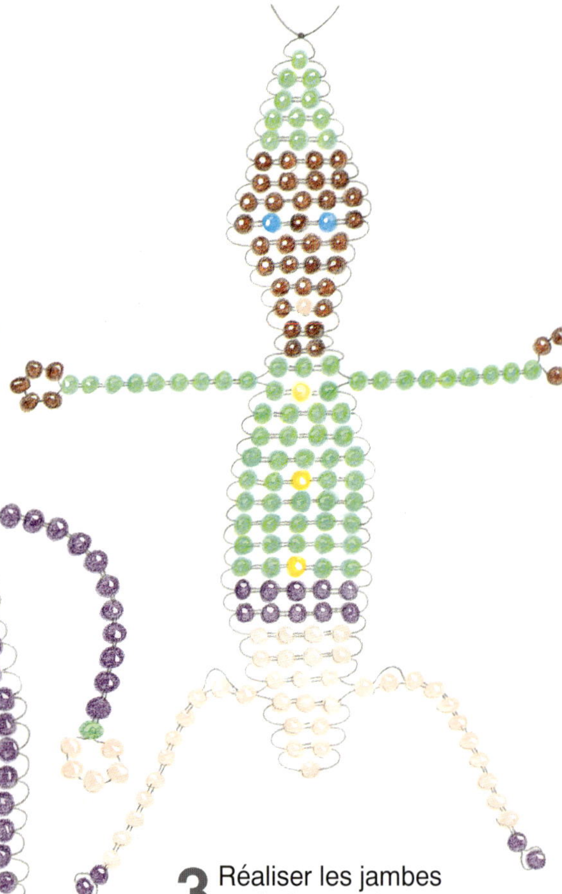

1 Les clowns se réalisent selon la même technique que les drapeaux et les fanions, page 12. Commencer par le bas du corps. Placer la première perle au milieu du fil en passant deux fois le fil par le trou comme pour une perle de retenue.

2 Enfiler sur un des brins les 2 perles du rang suivant (rang de devant), puis repasser l'autre brin dans les perles en sens inverse. Faire le deuxième rang de 2 perles (rang de dos) de la même manière. Continuer ainsi en suivant le schéma. En tendant bien le fil entre chaque rang, les perles se placeront d'elles-mêmes soit devant, soit au dos du personnage.

Conseil
Bien tirer sur le fil pour que les bras et les jambes soient le plus près possible du corps.

3 Réaliser les jambes après le premier rang de 3 perles. Sur chaque fil, enfiler les perles du pantalon et du pied. Repasser en sens inverse, en sautant la dernière perle puis la deuxième.

4 Pour les bras, enfiler les perles de la manche, puis 5 perles pour la main. Repasser le fil en sens inverse dans les perles de la manche.

Clowns et compagnie

Chapeaux

Tous les clowns ne sont pas coiffés pareil. Suivre les schémas pour faire des chapeaux différents.

Petit pompon : pour finir, enfiler 5 perles sur un des brins et nouer serré.

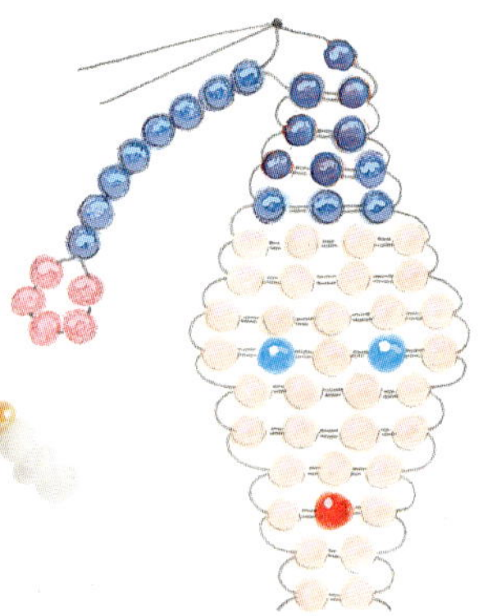

Meunier : enfiler la perle du dernier rang du chapeau sur un seul brin. Sur l'autre brin, enfiler 8 perles de la couleur du chapeau puis 5 perles pour le pompon. Repasser le fil dans les huit premières perles, puis nouer les deux brins.

Chapeau à bord : après le premier rang du chapeau, enfiler sur chaque brin 3 perles et repasser le fil en sens inverse en sautant la dernière perle.

Finitions

Faire plusieurs nœuds les uns sur les autres après la dernière perle. Couper à ras et stopper avec une goutte de colle ou de vernis.

Porte-clés

Faire une boucle comme pour les bracelets, page 12. Passer l'anneau avant de fermer.

Collier

Enfiler entre 17 et 20 cm de perles sur chaque brin. Attacher le fermoir par plusieurs nœuds consolidés par une goutte de colle ou avec une perle à écraser (voir page 7).

Bijoux à modeler

Matériel

- Pâte à modeler colorée à cuire,
- perles de rocaille multicolores,
- 1 trombone « étiré »,
- couteau,
- aiguille et fil à coudre,
- pince à bijoux,

Collier jaune : fil de lin ou de polyamide, 1 anneau métallique.
Collier vert : fil de Nylon, fermoir, 2 perles à écraser.
Broche : 1 attache, 5 clous de jonction, 15 cm de fil de fer.
Bague : 1 monture.

Collier jaune

1 Ramollir et étaler de la pâte jaune avec un verre lisse. Marquer un cercle à l'aide d'un petit couvercle ou d'une pièce de monnaie et le découper. Lisser les arêtes avec le doigt.

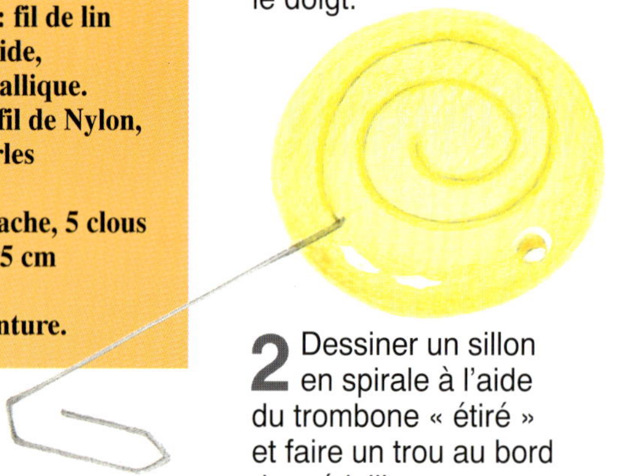

2 Dessiner un sillon en spirale à l'aide du trombone « étiré » et faire un trou au bord du médaillon.

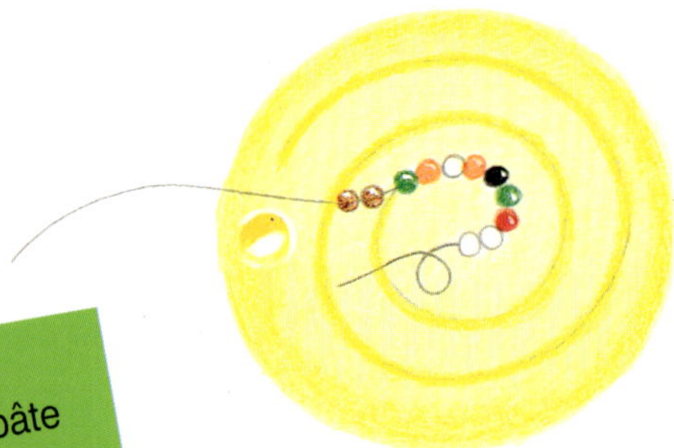

3 Enfiler 3 à 4 cm de perles sur un fil sans faire de nœud et les incruster dans la pâte en partant du centre. Continuer petit à petit pour remplir complètement le sillon. Tirer doucement sur le fil pour le retirer, ou le recouper aux deux extrémités si cela semble trop difficile.

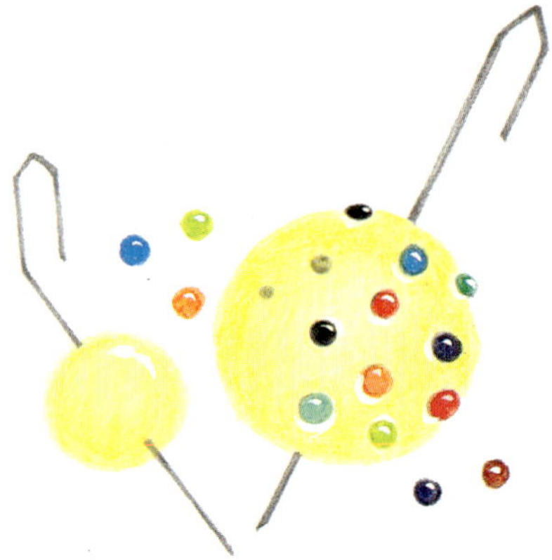

4 Pour les perles, modeler des boules et les percer avec le trombone de part en part. Dans les plus grosses, marquer des trous avec le trombone et y incruster des perles.

5 Demander à un adulte de cuire les éléments au four ménager sur de l'aluminium selon les indications du fabricant. Après refroidissement, équiper le médaillon de l'anneau à l'aide d'une pince à bijoux. Enfiler les perles du collier en alternant perles de rocaille et perles de pâte, et en plaçant le médaillon au milieu. Finir par plusieurs nœuds et une goutte de colle.

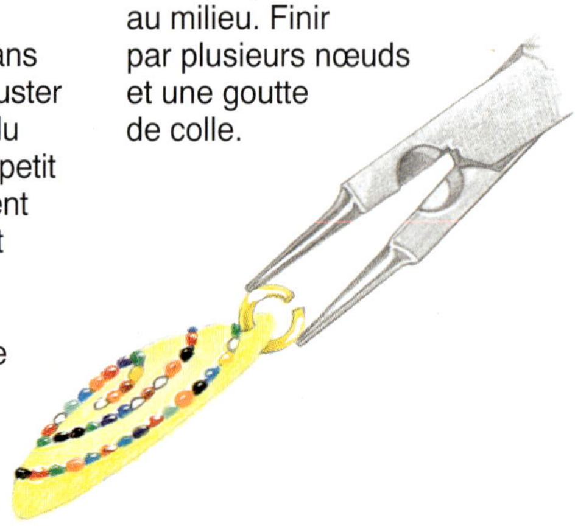

Conseil
Bien réchauffer la pâte dans ses mains pour pouvoir la modeler plus facilement.

Bijoux à modeler

Broche

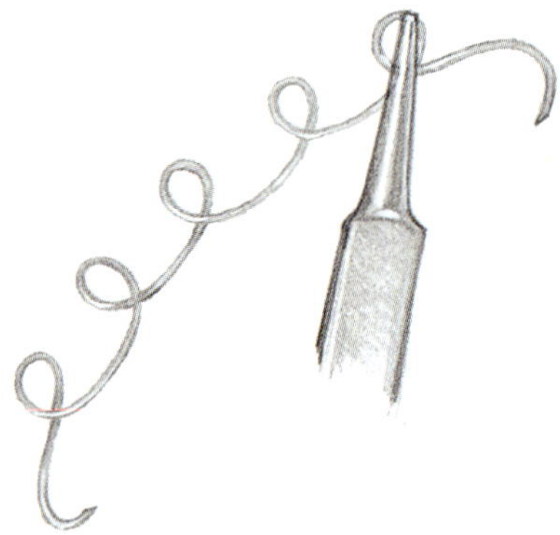

1 Aplatir la pâte, y découper un « œil », lisser les arêtes. Creuser les motifs avec le trombone. Incruster les perles à l'aide d'un fil comme pour le médaillon jaune. Cuire.

2 Avec la pince, « modeler » le fil de fer de façon à former 5 anneaux distants d'environ 1 cm. Replier les extrémités. Coller l'attache et les anneaux au dos de « l'œil » en les faisant dépasser.

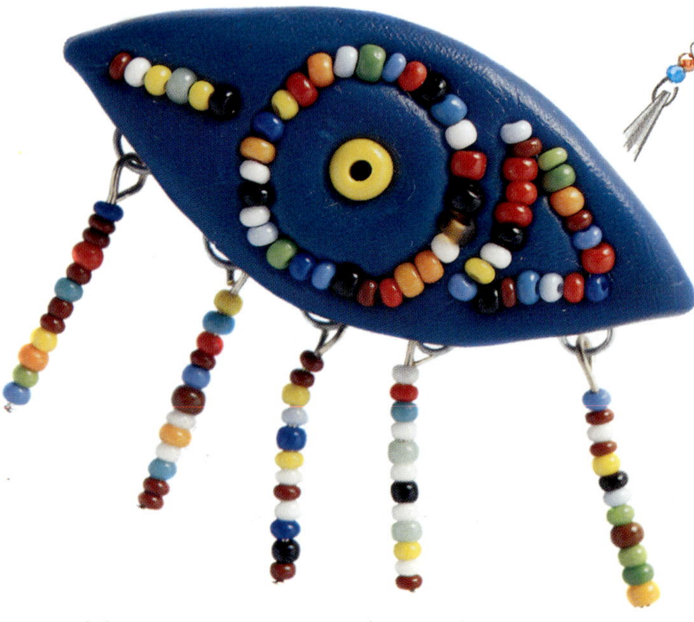

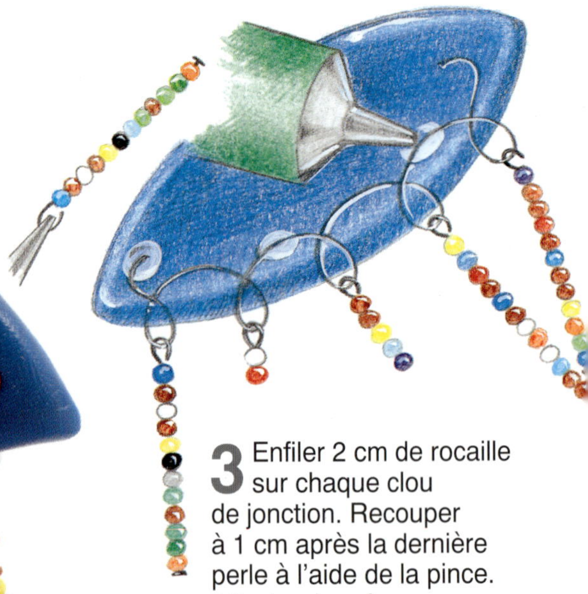

3 Enfiler 2 cm de rocaille sur chaque clou de jonction. Recouper à 1 cm après la dernière perle à l'aide de la pince. Attacher les clous à la broche en formant un anneau.

Collier vert

Pour les perles en pâte, modeler des petits colombins, les aplatir, puis les pincer à une extrémité. Les percer avec le trombone et marquer 5 trous répartis en croix avant d'incruster les perles de rocaille. Cuire au four. Monter le collier : enfiler les perles et poser le fermoir avec des perles à écraser (voir page 7).

Bague

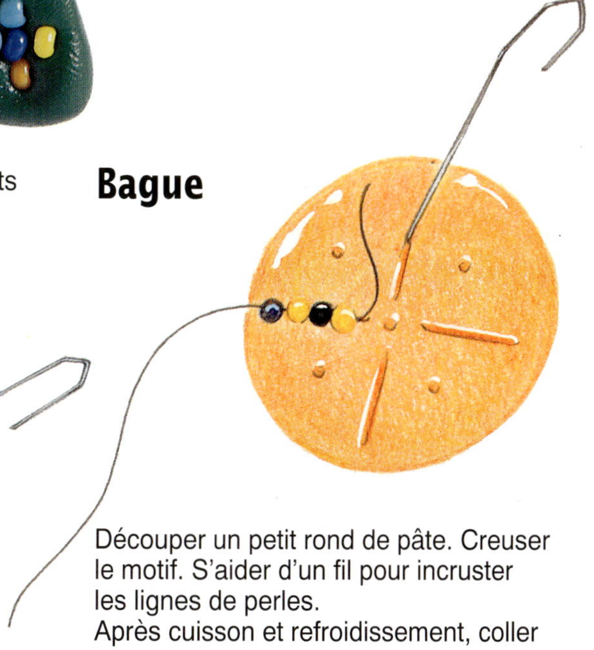

Découper un petit rond de pâte. Creuser le motif. S'aider d'un fil pour incruster les lignes de perles.
Après cuisson et refroidissement, coller la monture au dos.

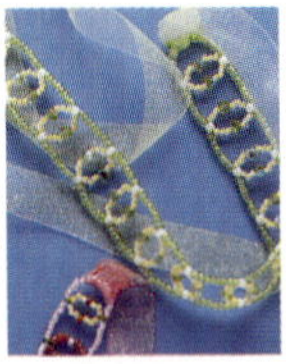

Tours de cou romantiques

Matériel

- Perles de rocaille,
- 1,50 m de Nylon par collier,
- 50 cm de ruban,
- colle gel ou vernis à ongles transparent,
- fil et aiguille à coudre.

1 Poser 1 perle de retenue à une quinzaine de centimètres de l'extrémité du fil (voir page 7). Enfiler 4 perles bleues, 1 rose foncé, 3 bleues. Enfiler ensuite 1 perle rose clair et 3 rose foncé quatre fois, puis repasser le fil dans la première perle rose clair pour former une boucle. Faire glisser la boucle le plus près possible des premières perles.

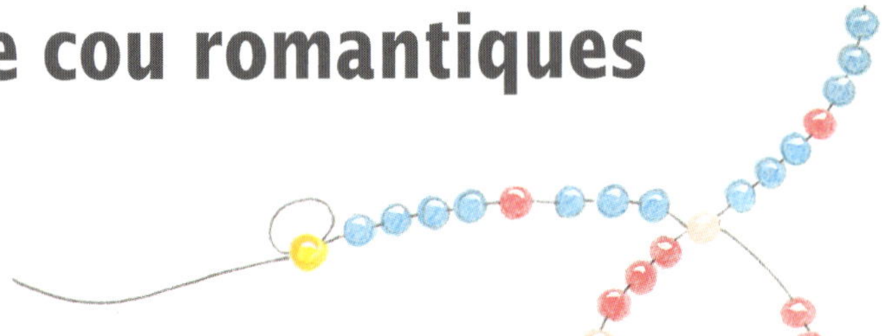

2 Enfiler 3 perles bleues, 1 rose foncé et 3 bleues avant de former une autre boucle.

3 Lorsque la distance est de 23 cm environ entre la première et la dernière boucle, enfiler 15 perles comme sur le croquis et passer le fil dans la perle rose clair du bas de la boucle. Enfiler 7 perles avant de passer le fil dans la boucle suivante.

4 Après la dernière boucle, enfiler 3 perles bleues, 1 rose foncé, 3 bleues. Retirer la perle de retenue. Faire plusieurs nœuds et renforcer avec de la colle ou du vernis.

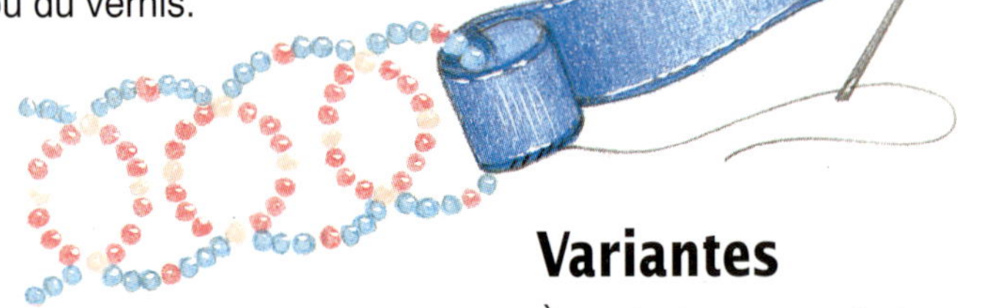

5 Couper le ruban en deux et le coudre à chaque extrémité.

Variantes

À partir de cette technique, on peut modifier les couleurs, espacer plus les boucles ou insérer des perles un peu plus grosses.

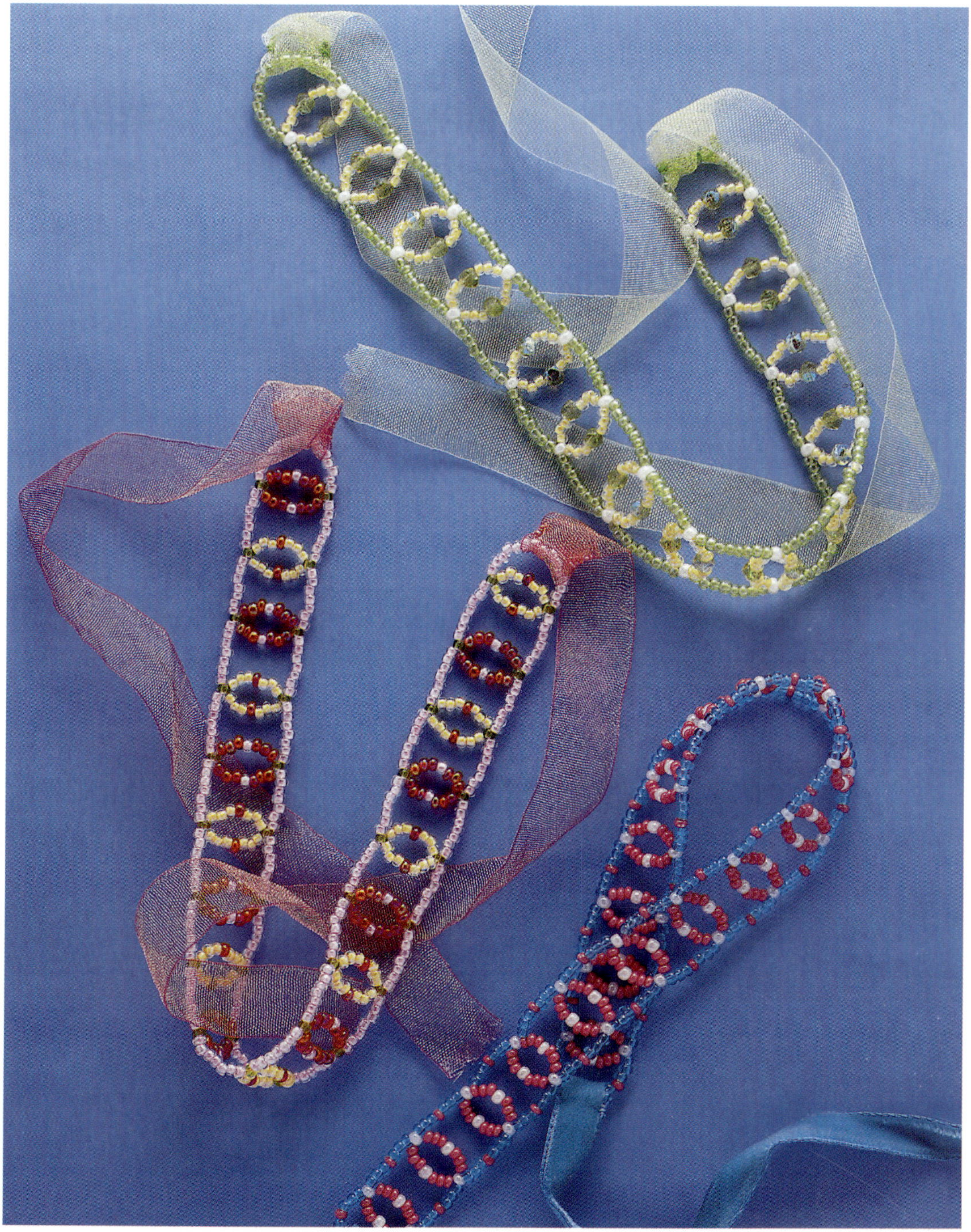

Ronde des poissons

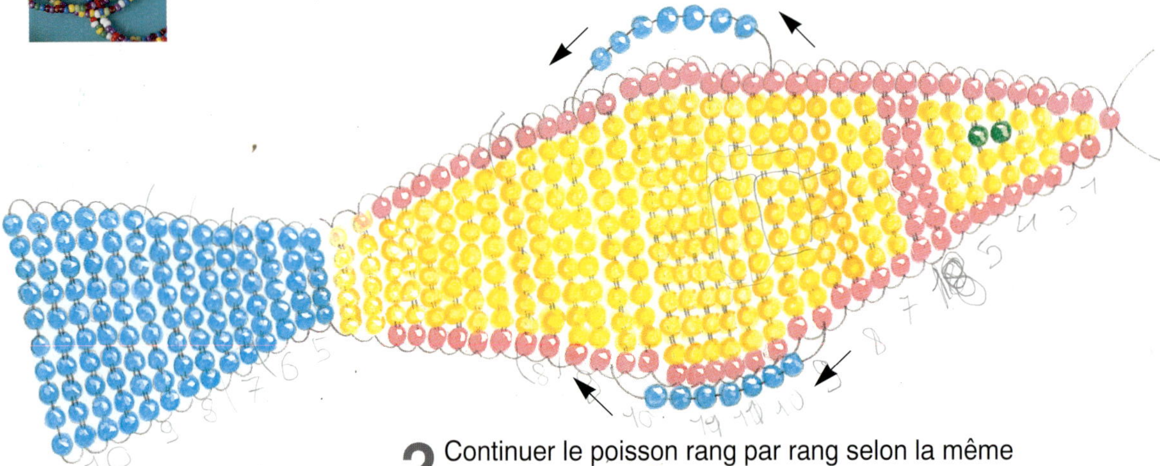

Matériel

- **Fil de Nylon : 2 m par poisson, 3 m pour un collier,**
- **perles de rocaille,**
- **colle gel ou vernis à ongles transparent.**

Pendentif : 1 m de lacet de coton.

Broche : 1 attache, aiguille à coudre.

Collier : perles à écraser et pince à bijoux (facultatif).

1 Commencer par la queue. Enfiler 20 perles au milieu du fil. Repasser une des extrémités du fil dans 10 perles. Vérifier que les brins de chaque côté sont de même longueur. Les deux premiers rangs sont faits.

2 Continuer le poisson rang par rang selon la même technique que les bracelets, page 12. Enfiler les perles sur un des brins puis repasser l'autre brin en sens inverse. Veiller à bien tendre les fils et à placer les rangs tantôt sur le dessus, tantôt sur le dessous du poisson.

Vue de haut

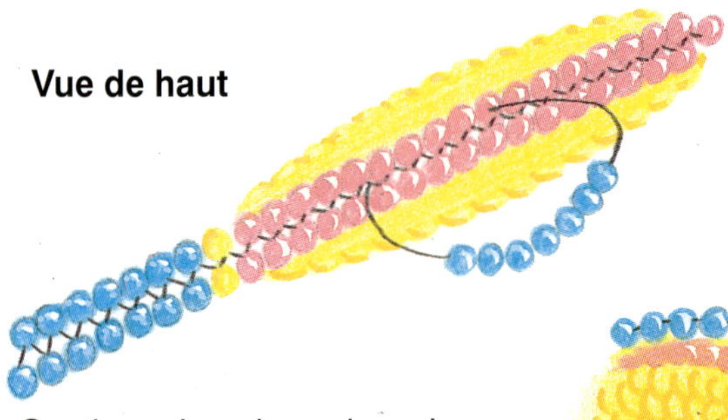

3 Continuer le poisson jusqu'au deuxième rang de 11 perles, **après** la partie la plus large du corps. Pour une nageoire : enfiler 7 perles sur un des brins et faire entrer le fil à l'intérieur du poisson en le faisant passer entre les rangs de 11 et 12 perles **avant** la partie la plus large du corps. Puis rattraper le fil et le repasser dans la perle à l'extrémité du dernier rang. Faire l'autre nageoire de la même manière.

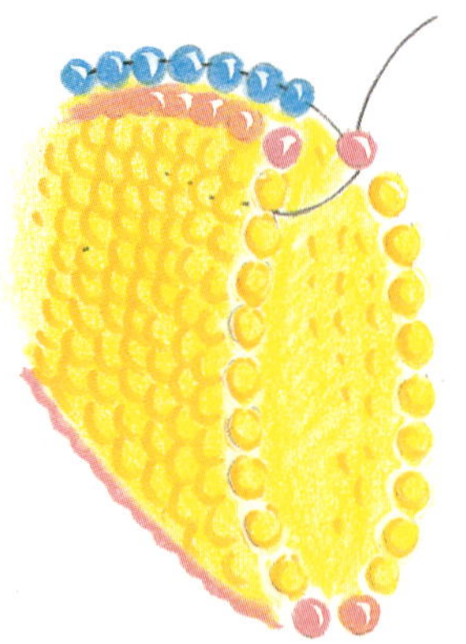

Vue de face

4 Continuer le poisson rang par rang jusqu'au « nez » en suivant le schéma.

Ronde des poissons

Broche

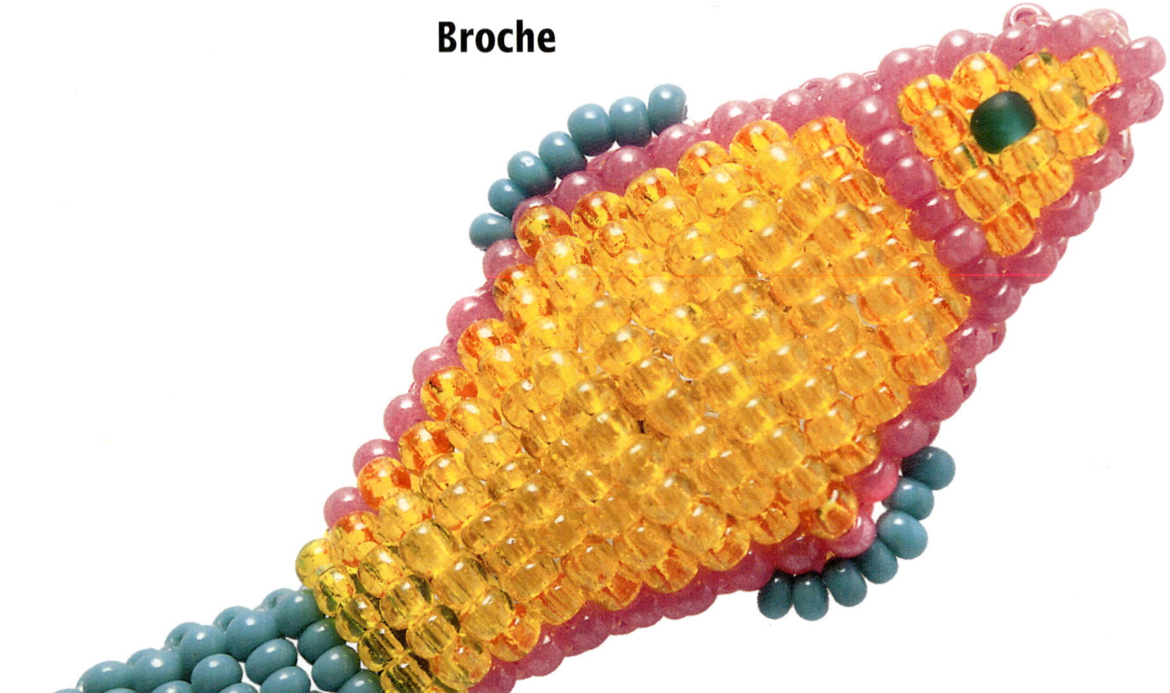

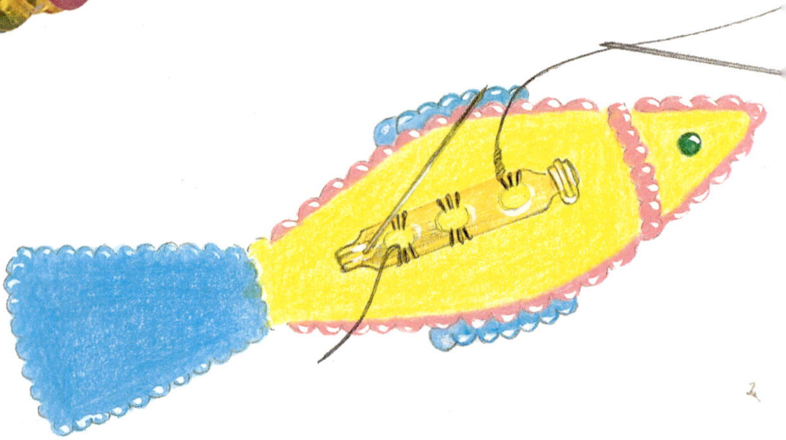

Après le dernier rang, faire 3 nœuds les uns sur les autres. Enfiler un des fils sur une aiguille. Rentrer ce fil dans le poisson et le ressortir au dos du poisson. « Coudre » l'attache sur un côté en passant plusieurs fois le fil dans les trous de l'attache et sous les rangs de perles. Coudre l'autre côté de l'attache avec l'autre fil. Arrêter les fils en les nouant ensemble plusieurs fois. Consolider avec une goutte de colle ou de vernis.

Pendentif

Finir le poisson par une boucle comme pour les bracelets fanions, page 12.
Plier le lacet en deux, le passer dans la boucle de perles, puis repasser les extrémités dans la boucle de lacet pour faire un nœud. Fermer le lacet en faisant un nœud simple sur chaque brin avec l'extrémité de l'autre brin pour obtenir un nœud coulissant.

Collier

Faire un poisson en changeant de couleur tous les deux rangs sur le corps. Après le dernier rang du « nez », enfiler environ 35 cm de perles sur chaque brin. Enfiler 3 perles à écraser sur un des brins, repasser l'autre brin en sens inverse. Tirer, puis écraser les 3 perles de métal.
Recouper les fils.
On peut aussi finir par quelques nœuds et consolider avec une goutte de colle ou de vernis.

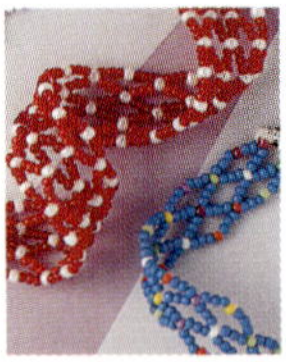

Bracelets croisillons

Matériel
- **Fil de lin ou de polyamide,**
- **perles de rocaille,**
- **aiguille à perles,**
- **fermoirs multirangs à 2 ou 3 trous,**
- **colle ou vernis à ongles transparent.**

Bracelet bleu

1 Couper 2 brins de 60 cm. Plier l'un des brins en deux et le nouer à une partie du fermoir dans un des anneaux.

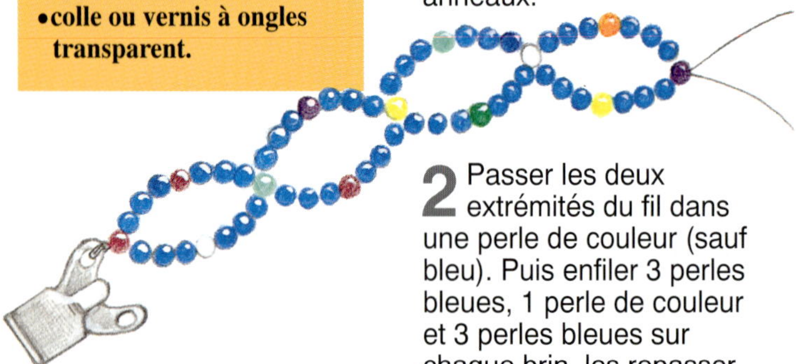

2 Passer les deux extrémités du fil dans une perle de couleur (sauf bleu). Puis enfiler 3 perles bleues, 1 perle de couleur et 3 perles bleues sur chaque brin, les repasser ensemble dans une perle de couleur et ainsi de suite jusqu'à la longueur désirée.

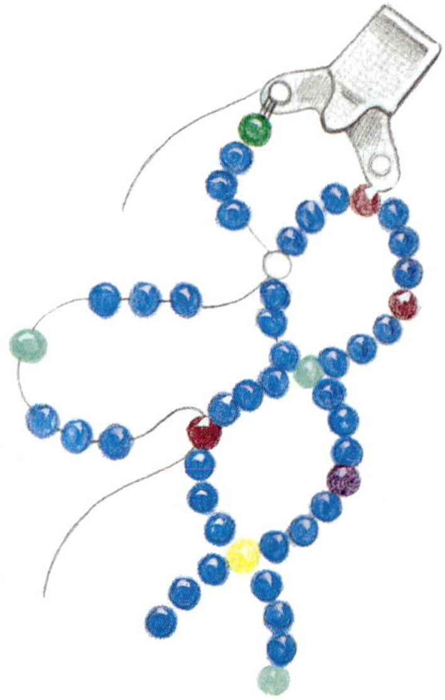

3 Nouer plusieurs fois les deux extrémités du fil autour d'un des anneaux de l'autre partie du fermoir en veillant à la placer dans le bon sens.

4 Attacher le deuxième brin comme le premier. Enfiler 1 perle de couleur et 3 bleues. Passer le fil dans la perle de couleur du rang précédent. Enfiler à nouveau 7 perles et passer dans la perle de couleur du rang précédent, etc. Finir le rang par 3 perles bleues et 1 perle de couleur.

5 Pour le dernier rang, passer le fil dans la première perle de couleur, enfiler 7 perles et repasser dans la perle de couleur du rang précédent. Continuer ainsi jusqu'au bout. Attacher les deux brins au fermoir.

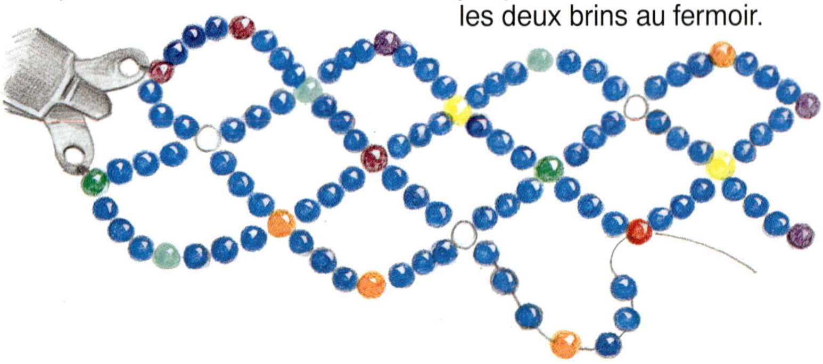

Bracelets larges

Utiliser un fermoir à 3 trous et nouer le premier brin dans celui du milieu.

Variantes

On peut jouer avec les couleurs à l'infini. Faire un petit schéma aux feutres pour éviter de se tromper.

Mers du Sud

Matériel

- Perles de rocaille,
- fil de lin ou de polyamide,
- fil de fer,
- colle gel,
- pince à bijoux,

Collier : 2 grosses tulipes, 1 fermoir à vis.

Bracelet : 2 petites tulipes, 1 fermoir mousqueton, 1 anneau.

Boucles d'oreilles : 2 petites tulipes, 2 boutons fantaisie, 2 perles de grosse rocaille, 1 paire de clips, 1 petite lime métallique.

Collier

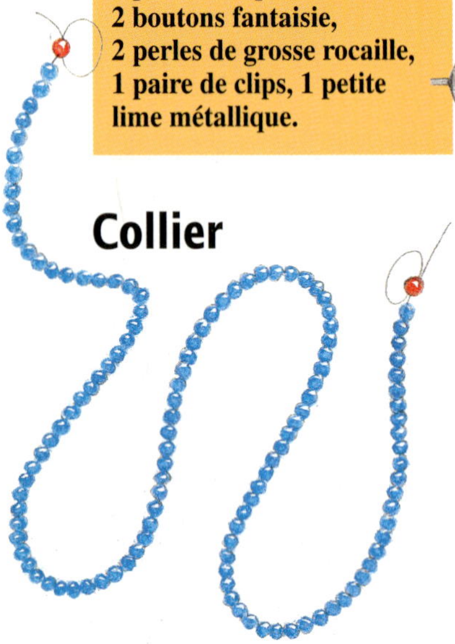

1 Couper 14 fils de 70 cm. Enfiler 38 cm de perles d'un même ton de bleu sur chacun d'eux. Varier les bleus le plus possible. Arrêter provisoirement par des perles de retenue (voir page 7).

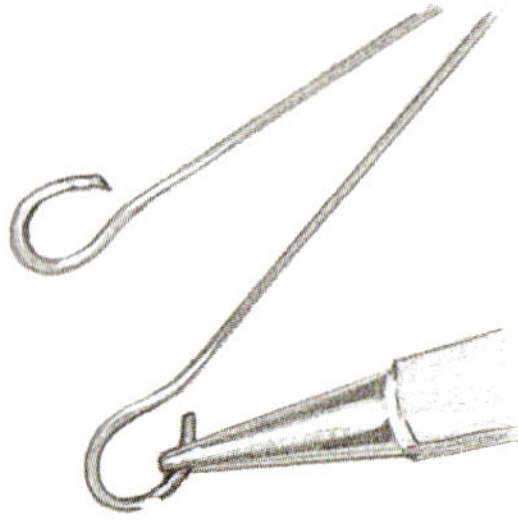

2 Couper 2 morceaux de fil de fer de 5 cm avec la pince à bijoux. Former un anneau à une des extrémités de chaque tige.

3 Attacher les brins de perles à un des anneaux par quelques nœuds serrés, en enlevant les perles de retenue au fur et à mesure. Quand ils sont tous attachés, couper les fils qui dépassent, encoller et glisser la tulipe sur le fil de fer.

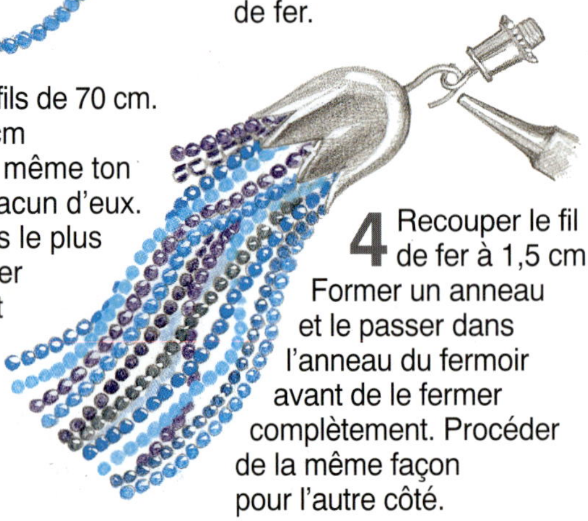

4 Recouper le fil de fer à 1,5 cm. Former un anneau et le passer dans l'anneau du fermoir avant de le fermer complètement. Procéder de la même façon pour l'autre côté.

Bracelet

Il se réalise comme le collier. Couper 7 fils de 50 cm et enfiler 15 cm de perles sur chacun d'eux.

Boucles d'oreilles

Couper 7 brins de 40 cm et enfiler 30 perles argentées et 3 bleues selon le schéma. Attacher les brins comme pour le collier (étapes 2 et 3). Glisser 1 perle de grosse rocaille sur le fil de fer, recouper à 1,5 cm. Attacher au clip en formant un anneau. Couper le pied du bouton avec la partie coupante de la pince à bijoux, limer. Coller le bouton sur le clip.

Parure ethnique

Matériel

- **Perles : perles de rocaille, perles fantaisie en métal ou plastique doré, petites perles dorées,**
- **fil de lin ou de polyamide,**
- **2 petites tulipes,**
- **fil de fer,**
- **colle gel,**
- **pince à bijoux,**
- **1 fermoir mousqueton.**

Boucles d'oreilles : fil de Nylon, perles à écraser, attaches.

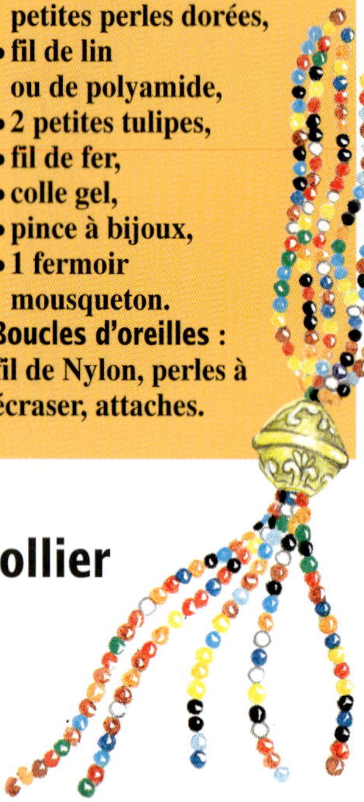

Collier

1 Couper 5 brins de 70 cm. Placer une perle de retenue à 15 cm de l'extrémité de chaque brin (voir page 7).

2 Enfiler 12 cm de perles sur chaque brin et passer tous les brins ensemble dans une perle fantaisie. Enfiler 7 cm de perles sur chaque brin avant de les passer ensemble dans la deuxième perle fantaisie. Continuer le collier en respectant les longueurs.

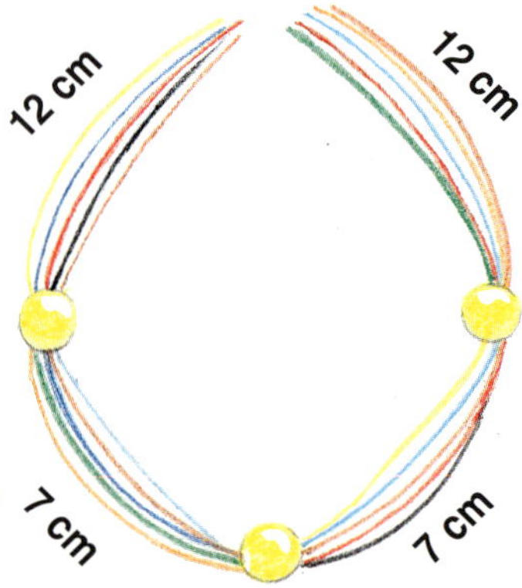

3 Poser les tulipes et le fermoir comme pour le collier bleu, page 36 (étapes 2 à 4).

Boucles d'oreilles assorties

1 Couper un fil de Nylon de 30 cm. Enfiler au milieu du fil 4 cm de perles de rocaille en plaçant 1 petite perle dorée au milieu. Passer les deux brins ensemble dans 1 autre perle dorée, 1 perle fantaisie et encore 1 perle dorée. Enfiler 1 cm de perles sur chaque brin, puis 1 petite perle dorée sur un des brins, repasser l'autre brin en sens inverse. Enfiler à nouveau 1 cm de perle sur chaque brin.

2 Finir en passant les deux brins ensemble dans 1 perle dorée, 1 perle de rocaille, 1 perle dorée et 1 perle à écraser. Passer les fils dans l'anneau de l'attache, puis les repasser dans la perle à écraser et les dernières perles. Écraser la perle de métal avec la pince à bijoux.

La paire de boucles d'oreilles aux étoiles se réalise selon le même procédé.

Insectes et papillons

Matériel
- Perles de rocaille,
- fil de laiton,
- épingles de broches de 2 à 3 cm de long,
- pince à bijoux,
- fil de Nylon, fermoirs et perles à écraser pour les colliers.

Scarabée et coccinelle

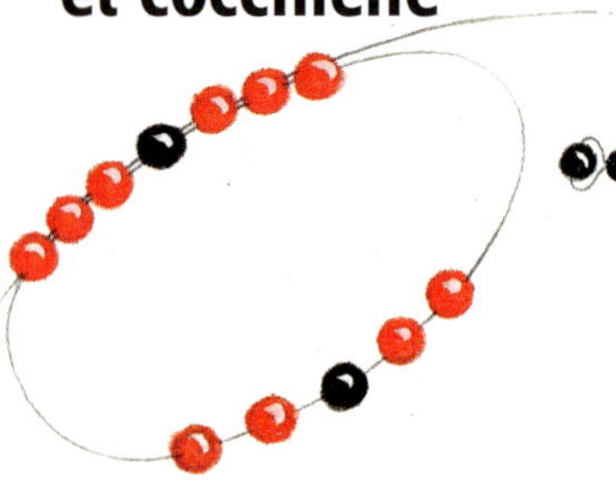

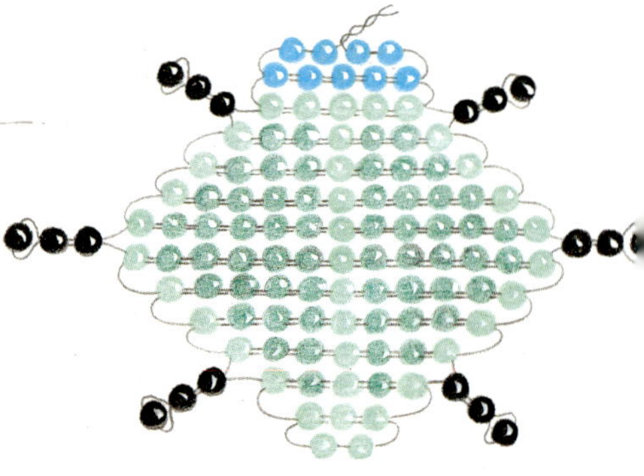

1 Couper 1 m de laiton. Commencer par l'arrière des animaux. Enfiler les perles des premier et deuxième rangs au milieu du fil selon le schéma de l'animal choisi. Repasser une des extrémités du fil dans les perles du deuxième rang.

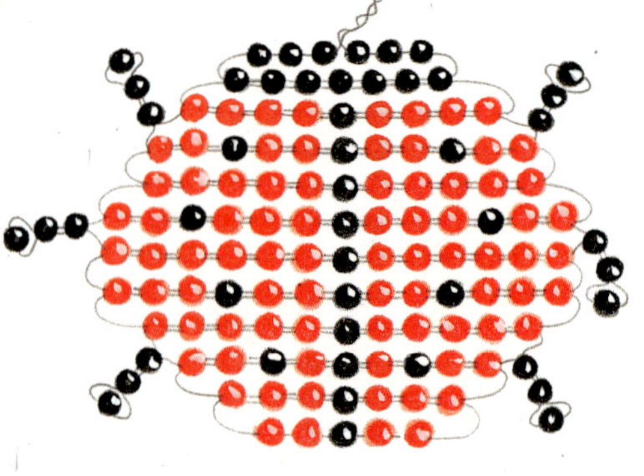

2 Continuer rang par rang en enfilant les perles sur un des fils et en repassant l'autre en sens inverse dans les perles. Bien tirer entre chaque rang en s'aidant de la pince. Pour les pattes, repasser le même fil en sens inverse dans toutes les perles sauf la dernière.

3 Enfiler la moitié du dernier rang sur chaque brin puis torsader les deux brins ensemble. Enfiler sur les deux fils en même temps une douzaine de perles. Former une boucle et enrouler les fils plusieurs fois à la base de la boucle. Couper. Mettre l'animal en forme avec les pouces.

4 Faire un petit collier tout simple. Attacher le fermoir avec des perles à écraser (page 7). Suspendre le pendentif.

Insectes et papillons

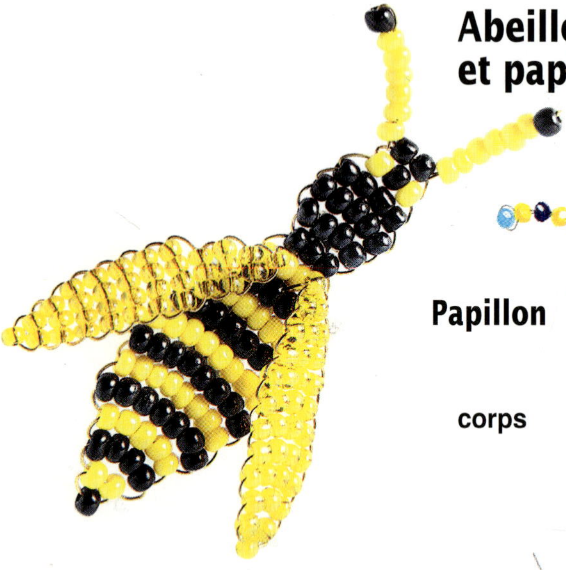

Abeilles et papillons

Papillon

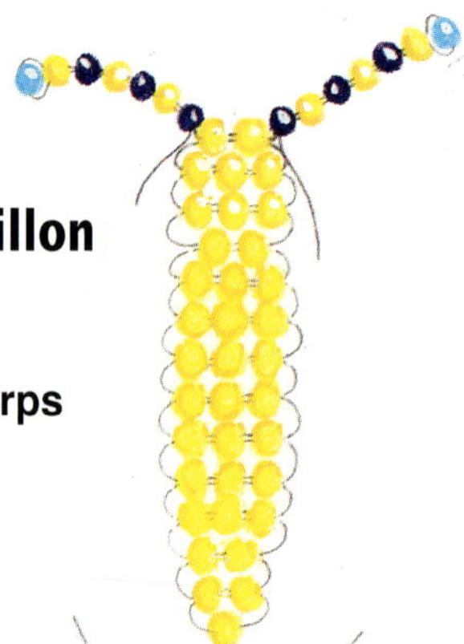

corps

petite aile x 2

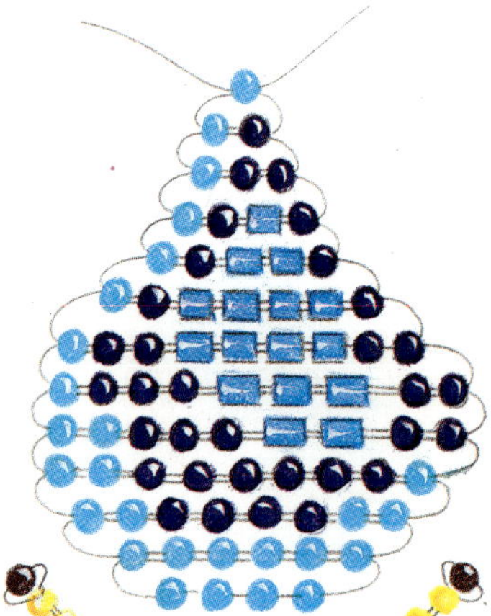

Abeille

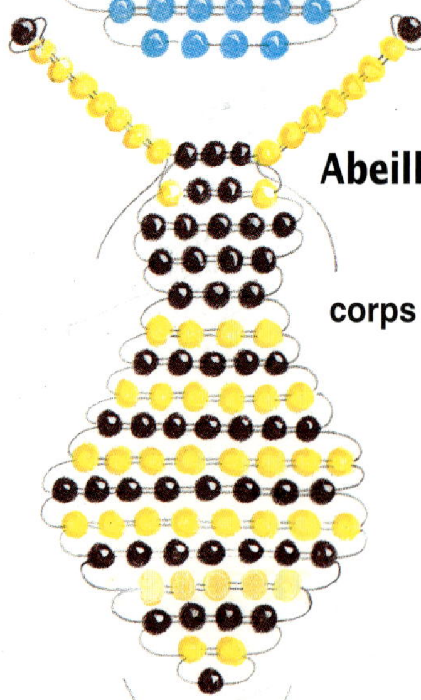

corps

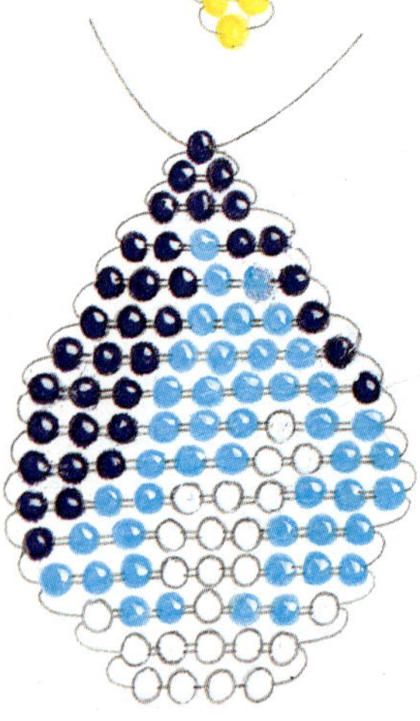

grande aile x 2

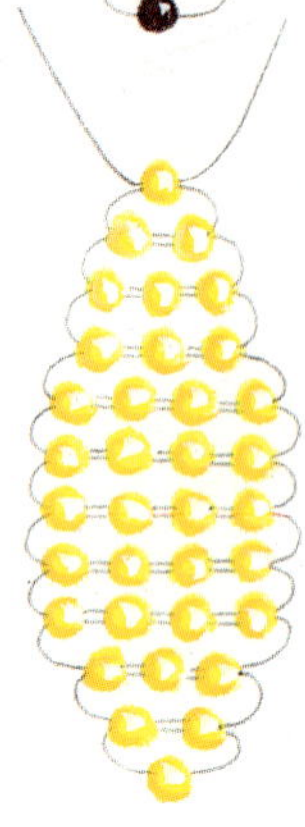

aile x 2

1 Les corps et les ailes se réalisent séparément selon le même principe que la coccinelle et le scarabée. Prévoir 60 cm de fil de laiton par élément. Recouper le fil à ras après avoir réalisé les antennes. Conserver le surplus de fil des ailes.

2 Assemblage : piquer les ailes dans le corps, en passant les deux fils d'un même élément de part et d'autre d'un rang. Torsader en serrant bien les fils deux par deux. Passer les fils dans les différents trous de la broche. À l'aide de la pince, torsader les fils à nouveau pour maintenir la broche en place. Recouper à quelques millimètres.

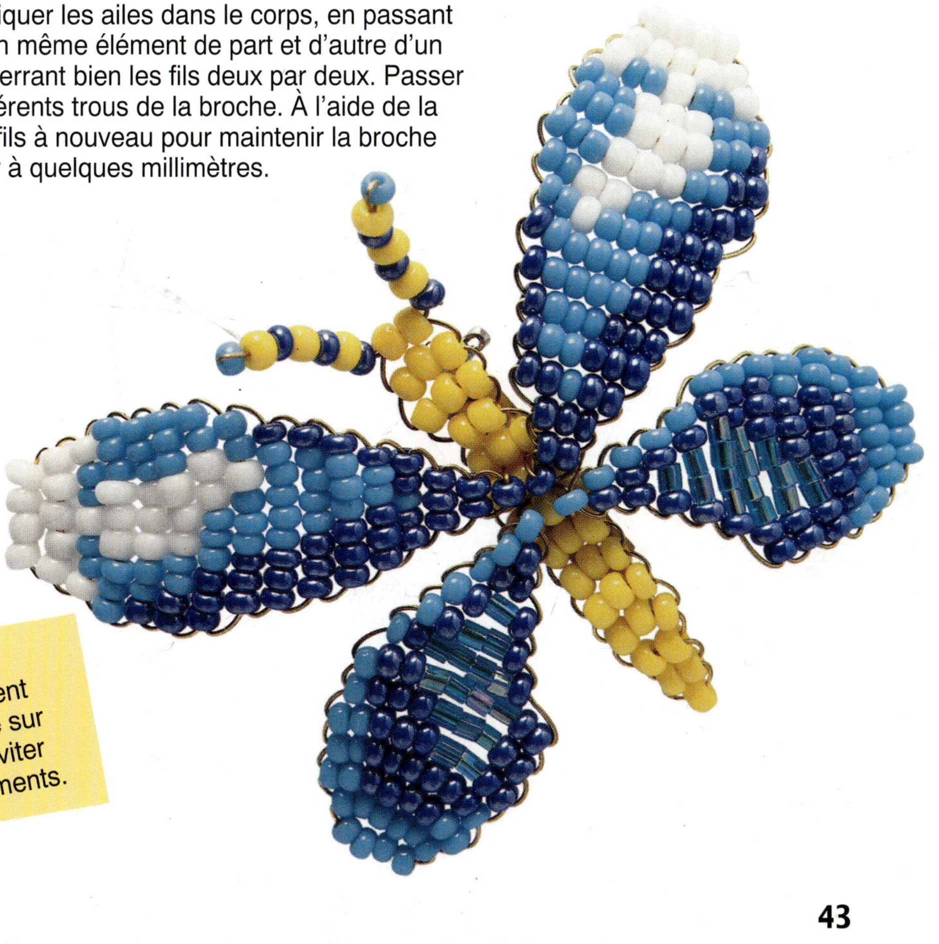

Astuce
Poser éventuellement une goutte de colle sur les finitions pour éviter d'abîmer les vêtements.

Table des matières

Aux Éditions Fleurus

Collection Les activités Fleurus Junior

Masques farfelus
Nouveaux bracelets brésiliens
Perles de rocaille, bijoux et gadgets
Pinces à linge fantaisie
Scoubidou-mania
Plastique magique
Pâte à modeler col/orée à cuire
Tricotin malin
Perles de rocaille fantaisie
Argile facile
Tresses et bracelets brésiliens
Bâtonnets plats
Clous et fils
Sable coloré
Pinces à linge, un monde miniature
Window-décor
Chenilles faciles

Collection Les activités Fleurus

Perles de rocaille, parures et petits bijoux

Collection Avec mes dix doigts

Kit Pâte à modeler colorée à cuire
Kit Bijoux en perles de rocaille
Kit Bracelets brésiliens
Kit Perles de rocaille fantaisie
Kit Tresses et bracelets brésiliens

Collection Idées Jeux

L'album des nœuds
Tissage de perles avec un métier

Collection Idée Kit

Kit Tissage de perles
Kit Plastique magique